ANDRZEJ MOSZCZYŃSKI jest autorem 23 książek, 34 wykładów oraz 3 kursów. Pasjonuje go zdobywanie wiedzy z obszaru psychologii osobowości i psychologii pozytywnej.

Ponad 700 razy wystąpił jako prelegent podczas seminariów, konferencji czy kongresów mających charakter społeczny i charytatywny.

Regularnie się dokształca i korzysta ze szkoleń takich organizacji edukacyjnych jak: Harvard Business Review, Ernst & Young, Gallup Institute, PwC.

Jego zainteresowania obejmują następujące tematy: potencjał człowieka, poczucie własnej wartości, szczęście, kluczowe cechy osobowości, w tym między innymi odwaga, wytrwałość, wnikliwość, entuzjazm, wiara w siebie, realizm. Obszar jego zainteresowań stanowią również umiejętności wspierające bycie zadowolonym człowiekiem, między innymi: uczenie się, wyznaczanie celów, planowanie, asertywność, podejmowanie decyzji, inicjatywa, priorytety. Zajmuje się też czynnikami wpływającymi na dobre relacje między ludźmi (należą do nich np. miłość, motywacja, pozytywna postawa, wewnętrzny spokój, zaufanie, mądrość).

Od ponad 30 lat jest przedsiębiorcą. W latach dziewięćdziesiątych był przez dziesięć lat prezesem spółki działającej w branży reklamowej i obejmującej zasięgiem cały kraj. Od 2005 r. do 2015 r. był prezesem spółki inwestycyjnej, która komercjalizowała biurowce, hotele, osiedla mieszkaniowe, galerie handlowe.

W latach 2009-2018 był akcjonariuszem strategicznym oraz przewodniczącym rady nadzorczej fabryki urządzeń okrętowych Expom SA. W 2014 r. utworzył w USA spółkę wydawniczą. Od 2019 r. skupia się przede wszystkim na jej rozwoju.

Inaczej o dobrym i mądrym życiu to książka o umiejętności stosowania strategii osiągania wartościowych celów. Autor opisuje 22 aspekty, które prowadzą do bycia mądrym. W jakim znaczeniu mądrym?

Mądry człowiek jest skupiony na działaniu ukierunkowanym na podnoszenie jakości życia, zarówno swojego, jak i innych. O tym jest ta książka: o byciu szczęśliwym, o poznaniu siebie, by zajmować się tym, w czym mamy największy potencjał, o rozwinięciu poczucia własnej wartości, które jest podstawowym czynnikiem utrzymywania dobrych relacji z samym sobą i innymi ludźmi, o byciu odważnym, wytrwałym, wnikliwym, entuzjastycznym, posiadającym optymalną wiarę w siebie, a także o byciu realistą.

Mądrość to umiejętność czynienia tego, co szlachetne. Z takiego podejścia rodzą się następujące czyny: nie osądzamy, jesteśmy tolerancyjni, życzliwi, pokorni, skromni, umiejący przebaczać. Mądry człowiek to osoba asertywna, wyznaczająca sobie pozytywne cele, ustalająca priorytety, planująca swoje działania, podejmująca decyzje i przyjmująca za nie odpowiedzialność. Mądrość to też zaufanie do siebie i innych, bycie zmotywowanym i posiadającym jasne wartości nadrzędne (do których najczęściej należą: miłość, szczęście, dobro, prawda, wolność).

Autor książki opisuje proces budowania mentalności bycia mądrym. Wszechobecna indoktrynacja jest przeszkodą na tej drodze. Jeśli jakaś grupa nie uczy tolerancji, przekazuje fałszywy obraz bycia zadowolonym człowiekiem, to czy można mówić o uczeniu się mądrości? Zdaniem autora potrzebujemy mądrości niemal jak powietrza czy czystej wody. W tej książce będziesz wielokrotnie zachęcany do bycia mądrym, co w rezultacie prowadzi też do bycia szczęśliwym i spełnionym.

Szczegóły dostępne na stronie:
www.andrewmoszczynski.com

Andrzej Moszczyński

Inaczej
o uczeniu się

2021

© Andrzej Moszczyński, 2021

Korekta oraz skład i łamanie:
Wydawnictwo Online
www.wydawnictwo-online.pl

Projekt okładki:
Mateusz Rossowiecki

Wydanie I

ISBN 978-83-65873-51-4

Wydawca:

ANDREW MOSZCZYNSKI
I N S T I T U T E

Andrew Moszczynski Institute LLC
1521 Concord Pike STE 303
Wilmington, DE 19803, USA
www.andrewmoszczynski.com

Licencja na Polskę:
Andrew Moszczynski Group sp. z o.o.
ul. Grunwaldzka 472
80-309 Gdańsk
www.andrewmoszczynskigroup.com

Licencję wyłączną na Polskę ma Andrew Moszczynski Group sp. z o.o. Objęta jest nią cała działalność wydawnicza i szkoleniowa Andrew Moszczynski Institute. Bez pisemnego zezwolenia Andrew Moszczynski Group sp. z o.o. zabrania się kopiowania i rozpowszechniania w jakiejkolwiek formie tekstów, elementów graficznych, materiałów szkoleniowych oraz autorskich pomysłów sygnowanych znakiem firmowym Andrew Moszczynski Group.

Ukochanej Żonie
Marioli

SPIS TREŚCI

Wstęp   9

Rozdział 1. Istota uczenia się   11

Rozdział 2. Powody, dla których warto się kształcić   13

Rozdział 3. Metody uczenia się   17

Rozdział 4. Skuteczne techniki wspomagające uczenie się   25

    A. Mnemotechniki   25

    B. Notowanie nielinearne   30

    C. Aktywne powtórki   34

    D. Szybkie czytanie   35

    E. Uczenie się w stanie relaksu   38

    F. Samokształcenie   40

Rozdział 5. Geniusz samouk   41

Rozdział 6. Ludzie wokół nas	45
Co możesz zapamiętać? ☺	51
Bibliografia	53
O autorze	69
Opinie o książce	75
Dodatek. Cytaty, które pomagały autorowi napisać tę książkę	79

Wstęp

Wielu z nas podświadomie zmierza do osiągnięcia satysfakcji i spełnienia. Jedną z dróg prowadzących do tego celu jest samodoskonalenie. Gruntowne poznanie siebie, swoich predyspozycji, mocnych i słabych stron, talentów i uzdolnień, pozwala na racjonalne planowanie samorozwoju i kształcenie się w kierunkach dopasowanych do konkretnego człowieka. Jednak nie można na tym poprzestać, bo aby umacniać swoją osobowość, należy ciągle zdobywać nowe umiejętności i poznawać nieznane dotąd dziedziny. Uczenie się jest wpisane w życie człowieka. Jesteśmy z natury ciekawi otaczającego nas świata, zadajemy trudne pytania i szukamy na nie odpowiedzi.

Szybkie tempo życia powoduje jednak, że pozwalamy, by zawładnęły nami zgubne nawyki i wygoda, które zniechęcają nas do poznawania nowych rzeczy. To bardzo niepokojąca prawidłowość – przecież wiedza pomaga podejmować właściwe decyzje, planować życie, świadomie kształtować osobowość i nie pozwala, byśmy stawali się ofiarami manipulacji. Powinniśmy więc zrobić wiele, by na jej zdobywanie mieć odpowiednio dużo czasu. Bardzo ważny jest dobór właściwych źródeł informacji. Zadajmy sobie trud weryfikacji autorytetów, ponieważ nie zawsze rady rodziny czy anonimowych osób na forum internetowym są odpowiednie.

Ja osobiście ukierunkowuję się na ludzi powszechnie szanowanych i cenionych, ekspertów w swoich dziedzinach, ale także przyglądam się tak zwanym zwyczajnym ludziom, których życiowa postawa może być wzorem dla innych.

Rozdział 1

Istota uczenia się

Uczyć się to przyswajanie pewnej wiedzy, zdobywanie jakiejś umiejętności poprzez branie przykładu z kogoś oraz wyciąganie wniosków z doświadczeń. Naturalna nauka polega na uruchomieniu przez uczącego się człowieka własnych możliwości poznawczych, takich jak: spostrzeganie otaczających go rzeczy i zdarzeń, wyobraźnia, myślenie abstrakcyjne, uogólnianie wyników obserwacji, przetwarzanie odbieranych informacji, praktyczne myślenie prowadzące do działania. Zatem, uczenie się to nie bezrefleksyjne wykuwanie na pamięć formułek, lecz złożony proces, w który powinniśmy zaangażować wszystkie zmysły i funkcje poznawcze. Uczenie się to także wyciąganie praktycznych wniosków z przyswojonych informacji i wdrażanie ich w codziennym życiu. Zdobywanie wiedzy nie jest wartością samą w sobie; kluczowe jest wykorzystywanie zdobytych wiadomości w praktyce. Dlatego w tej książce postaram się odpowiedzieć na pytanie, jak skutecznie się uczyć, by wykorzystywać w pełni zdobywaną wiedzę i czerpać z niej inspirację.

Colin Rose – (specjalista w zakresie uczenia się, między innymi języków obcych), w którego szkoleniu brałem udział, stwierdził, powołując się na badania przeprowadzone przez naukowców Uniwersytetu Teksańskiego, że zapamiętujemy 10% tego, co czytamy, 20% tego, co słyszymy, 30% tego, co widzimy, 70% tego, co mówimy i 90% tego, co widzimy i robimy. Warto uwzględnić tę wiedzę, rozważając temat uczenia się.

☼

Rozdział 2

Powody, dla których warto się kształcić

Dzięki zdobywaniu wiedzy zaspokajamy jedną w ważniejszych potrzeb rozwojowych człowieka: dążenie do samorealizacji. Pojęcie to ma bardzo wiele znaczeń w myśli filozoficznej. Pisał o niej Arystoteles, kiedy zachęcał do samodoskonalenia. Niezwykle ciekawe podejście do tego tematu rozwinęło się w myśli Wschodu – filozofii indyjskiej. Samorealizację rozumie się tam jako rozwój jednostki w sferze duchowej, co ma doprowadzić ją do wyzwolenia z błędnych poglądów.

Samorealizacja jest jednym z warunków satysfakcjonującego życia. Realizując potrzebę wiedzy i rozumienia świata, zyskujemy też zaufanie do siebie, pewność własnych racji i poglądów oraz wynikający z tego spokój. Dzieląc się z innymi swoją wiedzą, czujemy się potrzebni i doceniani przez otoczenie. Dzięki temu możemy stać się autorytetem i inspiracją dla swoich dzieci, bliskich, przyjaciół i współpracowników. Któż z nas nie chciałby stać się ekspertem w jakiejś dziedzinie, szczególnie w oczach własnego syna czy córki? Czyż to nie wspaniałe uczucie być potrzebnym innym, udzielać mądrych rad? Wiedzę i umiejętności, które zdobędziemy, będziemy mogli przekazać przyszłym pokoleniom i w ten sposób ofiarować światu cząstkę siebie, pozostawiając go bogatszym i lepszym.

Współcześnie wiedza jest najważniejszym źródłem wartości jednostek, społeczeństw, gospodarki. Informacje i umiejętność wykorzystania ich w odpowiedni sposób stały się największym kapitałem. Dlatego też zdobywanie wiedzy staje się warunkiem przetrwania i powinno wynikać ze świadomego brania odpowiedzialności za własne życie. Ten, kto posiada lepszy jakościowo i obszerniejszy zasób wiedzy od innych, ma większe szanse na szczęśliwe i spełnione życie. Ludzie, którzy nie kształcą się w sposób nieprzerwany, ryzykują pozostanie w tyle za rozpędzonym światem.

Według Petera Druckera, ojca współczesnego zarządzania, naprawdę wyedukowani to ci, którzy nauczyli się, jak uczyć się nieprzerwanie przez całe życie. Dlatego ciągle pogłębiajmy wiedzę i nigdy nie rezygnujmy z uczenia się. Nauka może i powinna trwać całe życie. Zachęcam aby nie twierdzić, że jest się już za starym, by się czegoś nowego dowiedzieć, przyswoić sobie jakąś umiejętność. Jeśli tylko zdrowie na to pozwala, cały świat stoi przed nami otworem. Przykładem niech będą znane osobistości, które zaskakiwały nowatorskimi dziełami czy dokonaniami będąc już w podeszłym wieku. Można tu wymienić sławnych kompozytorów Irvinga Berlina i Artura Rubinsteina, znanego malarza Pabla Picassa czy polityka Winstona Churchilla. Wszyscy ci wielcy ludzie okres swojej najbardziej twórczej aktywności przeżywali, będąc już w wieku przez wielu określanym jako starość. Nigdy nie jest za późno na to, by działać i uczyć się czegoś nowego.

Rozdział 3

Metody uczenia się

Nauka może wydawać nam się czymś nieprzyjemnym i nudnym, szczególnie jeśli kojarzymy ją ze szkolnymi doświadczeniami i godzinami spędzonymi na ślęczeniu nad książkami i wkuwaniu na pamięć ogromnych partii materiału. Tradycyjny sposób uczenia się, metoda pamięciowa połączona z biernym uczestnictwem w wykładzie, jest obecnie uważany za mało skuteczny. Warto zwrócić uwagę, że ten sposób stał się popularny w czasach średniowiecznych, kiedy to nauczyciel jako jedyny miał rację, interpretował wiedzę, a uczeń miał ją tylko wiernie odtworzyć. Metoda ta była mocno krytykowana przez XVII-wiecznego angielskiego myśliciela **Francisa Bacona**, według którego tylko nauczanie problemowe, zachęcanie ucznia do stawiania pytań i samodzielnego rozważania w połączeniu z eksperymentami mogą przynieść wartościową wiedzę. Tym samym Bacon nawiązywał do swojego wielkiego poprzednika – Arystotelesa, którego zdaniem tylko połączenie doświadczania rzeczywistości z wysiłkiem intelektualnym pozwoli zrozumieć świat. W swojej szkole Likejonie uczył podopiecznych podczas przechadzek, nie zamykał ich w salach wykładowych, stąd nazwa: szkoła perypatetycka (gr. perypates – przechadzać się).

Do samodzielnego myślenia zachęcani byli także uczniowie platońskiej Akademii. Zajęcia prowadzone były metodą dialogu, a nauczyciel zasiadał ze swoimi słuchaczami w kręgu, aby wszyscy byli na równych miejscach i nikt nie był wyróżniany.

Ojcem metody dialogu w nauczaniu był jednak nauczyciel **Platona**, wielki myśliciel **Sokrates**. Był on przekonany, że każdy człowiek posiada wiedzę wrodzoną, a rolą nauczyciela jest tylko uświadomienie mu jej, wydobycie jej z głębi rozumu. Pierwszym etapem tego procesu było wskazanie uczniowi jego błędów. Sokrates czynił to, pozornie zgadzając się z fałszywymi przekonaniami rozmówcy, a potem umiejętnie zadawanymi pytaniami stopniowo doprowadzał go do momentu, gdy zdał on sobie sprawę, że wniosek przeczy pierwotnym założeniom.

Kiedy uczeń zrozumiał swój błąd, nauczyciel, znowu prostymi pytaniami, prowadził go do sformułowania prawidłowej odpowiedzi. Proces ten był niezwykle twórczy, angażował rozmówcę, a tym samym był bardzo skuteczny.

Dziś metodycy nauczania z szacunkiem wykorzystują model sokratejski, przygotowując współczesne programy do szkół.

Obecnie w wielu szkołach największy nacisk kładzie się na rozwijanie zdolności umysłowych uczniów: obserwacji, wyobraźni, myślenia abstrakcyjnego, wyciągania wniosków, pamięci logicznej, przetwarzania wiedzy i umiejętności praktycznego jej zastosowania. Krótko mówiąc, najważniejsze staje się jak najpełniejsze i najaktywniejsze uczestnictwo uczącego się w procesie nauki. Nauczyciele i wykładowcy starają się przekazywać tylko tyle wiedzy, ile trzeba, aby uczeń czy student posiadał niezbędne podstawy do dalszej pracy i rozwoju w konkretnej dziedzinie. Z moich obserwacji wynika, że coraz częściej zwraca się uwagę na indywidualne możliwości jednostki i wybiera najwłaściwsze dla danej osoby sposoby uczenia się. Proces nabywania wiedzy powinien być równocześnie maksymalnym treningiem umysłowym. Taka forma nauki może być ekscytującą zabawą przynoszącą radość i satysfakcję.

Zgodnie z oczywistą prawdą powtarzaną przez nauczycieli i wykładowców, aby być naprawdę dobrym uczniem, trzeba mieć dwie cechy: systematyczność i pilność.

Nawet jeśli nie posiadamy naturalnego zamiłowania do uczenia się, możemy je w sobie rozbudzić poprzez odnalezienie właściwych metod. Kiedy przekonamy się, że potrafimy przyswajać wiedzę szybko i bez nadmiernego wysiłku, zyskamy motywację, a pierwsze sukcesy przyniosą nam dużo radości i satysfakcji. Pamiętajmy jednak, że uczenie się jest procesem, który nigdy się nie kończy.

Zastanówmy się, jak wytłumaczyć naszym dzieciom, dlaczego nauka jest ważna. Typowe banalne przestrogi: „jak się nie będziesz uczył, to skończysz, zamiatając ulice", zazwyczaj nie odnoszą skutku. Tego typu wizje przyszłości są dla dziecka zbyt abstrakcyjne, by mogło z nich wyciągnąć pożądane przez nas wnioski. Mało tego, taka metoda wywołuje lęki i może wzbudzać pogardę, a co najmniej brak szacunku dla osób wykonujących pracę dozorcy, sprzątaczki itp.

Warto poświęcić trochę czasu na szczerą rozmowę z dzieckiem i uświadomienie mu w kategoriach przez nie zrozumiałych, dlaczego powinno przykładać się do nauki w szkole, mimo że czasem wydaje mu się to nudne i niepotrzebne. Już od najmłodszych lat można rozbudzać w dziecku ciekawość świata i zaspokajać jego naturalne potrzeby w tym zakresie. Stwarzajmy warunki, w których nauka staje się zabawą, a rodzic, aktywnie w niej uczestnicząc, staje się dla dziecka wzorem.

Dobre rezultaty można osiągnąć dostosowując słownictwo i poziom złożoności związków przyczynowo-skutkowych do wieku i stopnia rozwoju emocjonalnego i intelektualnego. Starsze dzieci zrozumieją znacznie bardziej skomplikowane argumenty. Z gimnazjalistą możemy rozmawiać o konkretach, na przykład jego przyszłości zawodowej, predyspozycjach, zainteresowaniach i uświadamiać mu, jakie dziedziny wiedzy powinien szczególnie uwzględnić w swojej edukacji.

Pomóżmy swoim dzieciom wybrać odpowiednie metody uczenia się. Obserwując je, zdobędziemy wskazówki, które pomogą nam określić, jakie techniki sprawdzą się w ich przypadku. Niektóre dzieci znacznie lepiej uczą się w samotności, inne potrzebują pracy z drugą osobą, jeszcze inne uczą się najefektywniej robiąc notatki. Zachęcajmy je do eksperymentowania i wybrania najlepszej dla nich metody. Akurat w tym wymiarze mogę nazwać się szczęśliwym człowiekiem, ponieważ moje córki odnalazły własny sposób na poznawanie świata. Uczenie się i zdobywanie wiedzy odgrywa w ich życiu ważną rolę.

Zapraszam zatem do zapoznania się z metodami uczenia się, z których również ja korzystam.

Rozdział 4

Skuteczne techniki wspomagające uczenie się

A. Mnemotechniki

Są to metody ułatwiające zapamiętywanie oparte na trzech zasadach: asocjacji, lokalizacji i wyobraźni. Asocjacja polega na łączeniu porcji informacji do zapamiętania z elementem mnemotechniki, który będzie nam o danej informacji przypominał. Do połączenia tych dwóch elementów konieczne jest ich skojarzenie, które w każdym przypadku może i powinno być ustalane wedle preferencji danej osoby. Mogą to być naprawdę dowolne rzeczy. Na przykład do zapamiętania kodów i długich ciągów cyfr przydatne bywa skojarzenie każdej cyfry z innym przedmiotem. I tak dla cyfry

4 może to być krzesło, dla 2 – łabędź, dla 8 – bałwanek itd.

Oczywiście Twoje własne asocjacje są zawsze najlepsze i odzwierciedlają sposób, w jaki pracuje Twój mózg. Wyobraźnia jest konieczna do tworzenia trwałych i sugestywnych połączeń i asocjacji niezbędnych do zapamiętania i przypominania sobie informacji. Im silniejsze wyobrażenie, tym silniej zostanie zakorzenione w umyśle do późniejszego odtworzenia. Mnemotechniczne skojarzenia mogą być tak żywe, intensywne jak tylko chcesz, jeśli tylko pomagają Ci w skutecznym zapamiętywaniu.

Lokalizacja pozwala na zbudowanie spójnego systemu, w którym informacja będzie przechowywana, i który oddziela jedną mnemotechnikę od drugiej.

Lokalizacja to inaczej mentalne miejsce, w którym jak w szufladzie umieszczasz zapamiętane informacje z danej grupy. Gdy chcemy przypomnieć sobie wiedzę z jakiegoś zakresu, otwieramy po prostu właściwą mentalną szufladę, w której przechowywane są potrzebne dane.

Powinieneś pamiętać, że stosowanie mnemotechnik będzie skuteczne tylko wtedy, gdy poświęcisz odpowiednio dużo czasu na ich poznanie i przećwiczenie. Doświadczenie jest najlepszym nauczycielem. Oto przykładowe mnemotechniki:

Technika haków to prosta technika polegająca na zapamiętywaniu informacji dzięki skojarzeniu ich z wcześniej ustalonymi znaczeniami, które nadajemy kolejnym cyfrom. Te skojarzenia mogą mieć różnorakie źródła. Poniżej podaję przykładową listę takich, które wywodzą się z wizualnego podobieństwa zapisów graficznych cyfr do określonych rzeczy. Przedmioty użyte jako element asocjacji to właśnie haki, na których można zawieszać potrzebne informacje. Najprostsza przykładowa dziesiątka haków wygląda następująco:

1 – świeca   6 – baran
2 – łabędź   7 – kosa
3 – jabłko   8 – bałwan
4 – krzesło   9 – balon
5 – dźwig   10 – rycerz

Na przykład jeśli chcesz zapamiętać numer telefonu: 521 899 410, kojarzysz po prostu każdą z występujących w nim cyfr z jednym z haków i tworzysz z tego historyjkę. W naszym przykładzie będzie ona wyglądała tak: dźwig (5) kierowany przez łabędzia (2) trzymającego zapaloną świecę (1) podnosi bałwanka (8), który w rączce trzyma dwa baloniki (99) i sadza go na krześle (4), którego pilnuje rycerz (10). Podobnie możesz postąpić w przypadku innych informacji.

Ważne jest, by wszystko, co sobie wyobrażasz, było wyraźne, sugestywne i żywe. Lepiej unikać banalnych i statycznych obrazów, niech pomiędzy elementami asocjacji rozgrywa się jakaś akcja. Im bardziej niezwykłe, a nawet zabawne będą skojarzenia, tym mocniej zapadną w pamięć. Żeby przywołać informacje, które chcieliśmy zapamiętać, należy odtworzyć historyjkę złożoną z haków, a skojarzone z nimi dane pojawią się samoistnie.

Łańcuchowa technika skojarzeń polega na kojarzeniu ze sobą kolejnych elementów ubranych w obrazy, które przechodząc jeden w drugi, tworzą swego rodzaju film, który można wyświetlać w wyobraźni. Ta metoda jest dobra, gdy musimy zapamiętać jakiś ciąg informacji w odpowiedniej kolejności. Załóżmy, że mamy opanować listę zadań na dany dzień, a każde z nich należy wykonać w określonym czasie i kolejności. Niech będą to: wizyta u lekarza, zakupy w aptece, zakupy w supermarkecie, zakupy w sklepie papierniczym, wizyta u fryzjera, wizyta w myjni samochodowej, odebranie dziecka z przedszkola. W wyobraźni należy stworzyć historyjkę, która pozwoli nam połączyć wszystkie te elementy w ciąg następujących po sobie zdarzeń.

Moja historyjka wyglądałaby tak: wchodzę do gabinetu lekarskiego, gdzie wita mnie człowiek w fartuchu i ze stetoskopem, bada mnie, po czym wypisuje receptę na leki, podając mi ją zrzuca ze stolika stertę zeszytów, które podnosi fryzjerka wyposażona w nożyczki i suszarkę, następnie tą suszarką jakiś mężczyzna suszy mój samochód, którym po wysuszeniu zaczyna bawić się moja córeczka znajdująca się w przedszkolnej sali.

Budując historyjkę trzeba wyposażyć ją w jak największą liczbę żywych skojarzeń. Powinny one oddziaływać na wszystkie zmysły: wzrok, słuch, dotyk, zapach, węch i smak. Im bardziej żywy i sugestywny będzie ten scenariusz, tym lepiej zapadnie ona w pamięć.

Przytoczony powyżej przykład zastosowania techniki łańcuszka jest banalny, ale warto zaznaczyć, że korzystając z tej techniki na co dzień, można przyswoić ogromną ilość informacji. Ważne jest, by prawidłowo zapamiętać pierwszy element łańcuszka, gdyż bez niego trudno byłoby odtworzyć całość.

Istnieje jeszcze szereg innych, bardziej skomplikowanych technik zapamiętywania (na przykład Główny System Pamięciowy).

B. Notowanie nielinearne

Klasyczne metody prowadzenia notatek nie zawsze są efektywne. Często zdarza się, że nasze zapiski są chaotyczne i mało przejrzyste. Ich przygotowanie zabiera dużo czasu, a korzystanie z nich przysparza wielu trudności. Gdy zawierają dużo szczegółowych informacji, gubimy się w ich gąszczu i tracimy z oczu bardziej ogólne idee i logiczne związki pomiędzy poszczególnymi pojęciami. Oczywiście im bardziej przejrzysta struktura notatki, tym wygodniej z niej korzystać. Na pewno łatwiej jest zapamiętać informacje z tekstu, który jest podzielony na akapity odpowiadające poszczególnym zagadnieniom, zawiera podkreślenie głównych pojęć, kolorowe wyróżniki, rysunki czy wykresy. Jednak okazuje się, że klasyczne, linearne metody notowania nie są zgodne z tym, w jaki sposób nasz mózg odbiera, analizuje i segreguje informacje.

Badacze już dawno dowiedli, że ludzki umysł nie zapamiętuje linearnie, w sposób ciągły i chronologiczny, ale przetwarza tekst na obrazy, dźwięki, zapachy lub inne bodźce. Nielinearne techniki notowania wykorzystują naturalny sposób działania pamięci – skojarzenia, obrazy i inne struktury poznawcze. Opracowano je tak, by ich układ przypominał sposób, w jaki mózg organizuje pojęcia. Pozwalają one przedstawić na papierze skojarzenia, dzięki czemu łatwiej zapamiętać informacje i logiczne powiązania między nimi. Zawierają one tylko kluczowe pojęcia i obrazy, które kojarzą się z wieloma innymi informacjami, co umożliwia zawarcie o wiele większej liczby danych na pojedynczej kartce. Nie ma potrzeby zapisywania zdań w ich pełnej formie.

Nielinearne techniki notowania wyzwalają kreatywność, uwalniają umysł od schematycznego myślenia i otwierają nas na nowe pomysły.

Profesor **Joseph D. Novak** z Uniwersytetu Cornella prowadził badania związane z efektywną reprezentacją wiedzy, których rezultatem jest koncepcja **mapy pojęć**. Mapy te to dwuwymiarowe reprezentacje pojęć i ich wzajemnych relacji. Mogą być pomocne w nauce ze zrozumieniem – widoczne relacje pomiędzy pojęciami pomagają w zrozumieniu i zapamiętaniu nowych faktów, które odnoszą się do posiadanej już wiedzy. Można je wykorzystywać także wtedy, gdy mamy przekazać współpracownikom lub uczniom skomplikowane informacje, złożone pomysły czy też projekty (na przykład stron internetowych). Dane zagadnienie rozrysowane przy pomocy mapy pojęć wygląda jak schemat, na którym poszczególne pola z kluczowymi tematami połączone są strzałkami, wedle których powinniśmy prowadzić tok myślenia.

Mapy myśli opracowane przez **Tony'ego Buzana** są spokrewnione z omawianymi mapami pojęć. Odnoszą się one do sposobu robienia notatek przy użyciu słów-kluczy i obrazów. Jest to szybka i efektywna metoda, która dzięki informacji wizualnej ułatwia przyswajanie i zapamiętywanie. Dodatkowo uczysz się materiału z notatek już w momencie ich tworzenia. Może właśnie dlatego tak chętnie przygotowujemy w dzieciństwie ściągi, nawet jeśli później z nich nie korzystamy. Mapa myśli składa się z centralnie umieszczonego pojęcia. Wokół niego rysujemy od kilku do kilkunastu naczelnych odnóg, odpowiadających głównym wątkom tekstu. Od nich, zgodnie z porządkiem logicznym, odchodzą gałęzie szczegółowe. W notatce należy umieścić wyraźne, kolorowe rysunki lub symbole.

C. Aktywne powtórki

Aktywne powtórki to kolejna technika zwiększająca efektywność uczenia się. Jest ona tym skuteczniejsza, im więcej własnej pracy i zaangażowania włożymy w ten proces. Jeśli samodzielnie poszukujemy odpowiedzi na pytania, przetwarzamy zdobywaną wiedzę, próbujemy zastosować ją w praktyce, zapamiętujemy o wiele więcej informacji w sposób trwały, niż gdyby podano je nam w postaci gotowych odpowiedzi.

Istnieje technika powtarzania informacji, która jest o wiele skuteczniejsza niż klasyczne wkuwanie na pamięć. Po pierwsze ważne jest **przetwarzanie wiadomości, które chcemy zapamiętać**. Jeśli mają one formę słowną, warto nadać im postać graficzną – narysować wykresy czy schematy. Jeśli są to rysunki, można spróbować opisać je słownie. Aktywna powtórka nie polega na kolejnym odczytaniu materiału, ale na odtwarzaniu go na różne sposoby przy wykorzystaniu wielotorowości przepływu myśli w naszym umyśle.

Druga sprawa to **częstotliwość powtarzania.** Nowe informacje powtarzamy od razu, potem po godzinie, następnie po upływie dnia, tygodnia, aż wreszcie po miesiącu. Możemy także tak zaplanować swój czas, by podzielić go pomiędzy przyswajanie nowej wiedzy a utrwalanie tej już zdobytej poprzez aktywne powtórki.

D. Szybkie czytanie

W czasie II wojny światowej rozwijano techniki związane z pamięciowymi możliwościami ludzkiego mózgu, a następnie użyto ich do opracowania metod nauki szybkiego czytania tekstów. Na tych sprawdzonych przez lata sposobach opartych jest wiele obecnie stosowanych metod. Warto je przyswoić, by pozbyć się złych nawyków czytania, a dopiero w drugim etapie można wprowadzać nowe, skuteczniejsze metody. Czym zatem są te złe nawyki?

Czytając, często nieświadomie lub świadomie, powracamy wzrokiem do przeczytanego już fragmentu tekstu. Jest to tak zwane zjawisko regresji. Już samo jego wyeliminowanie znacząco zwiększa tempo czytania.

Jednak aby czytanie ze zrozumieniem przyspieszyć dwu-, trzy-, pięcio-, a nawet dziesięciokrotnie, musimy zastosować się do jeszcze kilku zasad. Przede wszystkim jednym spojrzeniem powinniśmy obejmować kilka wyrazów, wierszy czy nawet akapitów. Powinniśmy także odzwyczaić się od powtarzania na głos lub w myślach czytanego tekstu (wokalizacja). Oczywiście nie jest to łatwe, trzeba się tego od nowa nauczyć odpowiednimi ćwiczeniami i systematycznym treningiem.

Osobną kwestią pozostaje poziom zrozumienia tekstu przy zwiększającym się tempie czytania. Istnieje wiele poglądów na ten temat. Jedni twierdzą, że wraz z szybkością czytania wzrasta także stopień zrozumienia, jednak nie ma na to żadnych oficjalnie uznanych dowodów. Inni uważają, że do uchwycenia sensu nie jest konieczne zrozumienie całości czytanego materiału. Potwierdzeniem tej tezy może być przeprowadzenie prostego eksperymentu: wsyartcy ztosaiwć pwesrzie i oattnsie lrteiy sółw, a te w śdrkou ppesitawroazć i nsaz usymł somisitnae odzwtory wrayzy w ich prydawiłowm brieznimu. Cechą naszego umysłu jest bowiem „dopowiadanie" sobie brakujących bądź nieuporządkowanych treści.

Jeszcze inni przekonują, że w kursach szybkiego czytania nie chodzi o zrozumienie tekstu – trenuje się tam jedynie szybkość. Ta koncepcja ma sens o tyle, o ile dla kogoś czytanie to jedynie omiatanie wzrokiem jak największej liczby stron w jak najkrótszym czasie, po czym w pamięci pozostają tylko szczątkowe i wyrywkowe wiadomości.

Warto zapoznać się z technikami szybkiego czytania i usprawnić swoje umiejętności w tym zakresie. Ja jednak nie podchodzę do tej metody bezkrytycznie. Cenne wydają się rady dotyczące eliminacji regresji czy zwiększania pola widzenia, które zastosowane wraz z innymi technikami zwiększającymi prędkość czytania, dadzą nam szansę efektywniejszego wykorzystania czasu przeznaczonego na naukę, którym nikt przecież nie dysponuje w nadmiarze.

Pamiętajmy, że w czytaniu chodzi nie tylko o tempo, ale także o zrozumienie tekstu, a zatem nie ma sensu „połykanie" na przykład *Wojny i Pokoju* w kilka godzin, by, jak powiedział Woody Allen, zapamiętać z niej tylko tyle, że było to coś o Rosji.

Zainteresowanych zgłębianiem tematu szybkiego czytania odsyłam do książki Tony'ego Buzana *Podręcznik szybkiego czytania* (Wydawnictwo Ravi, 2007) lub *Szybkie czytanie. Czytaj 1000 słów na minutę i zapamiętuj informacje* (Wydawnictwo Aha!, 2007).

E. Uczenie się w stanie relaksu

Mózg ludzki pracuje w różnym zakresie fal. Fale beta przeważają podczas codziennej aktywności życiowej, fale alfa w stanie relaksu, fale theta są typowe podczas zwykłego snu, natomiast fale delta w czasie snu głębokiego.

W kontekście niniejszego rozdziału najbardziej interesuje nas działanie mózgu i pamięci w zakresie fal alfa. Wielu badaczy twierdzi, że w tym stanie szybciej niż w przypadku działania fal beta zapisujemy informacje w pamięci długotrwałej. Na podstawie rozlicznych badań powstały specjalne urządzenia, które wprowadzają użytkownika w stan głębokiego relaksu. Wykorzystywane są one na przykład do nauki języków obcych.

Krytycy tej metody podkreślają jednak, że jej użytkownicy zamiast się uczyć, często zapadają w sen. Nie ma jednoznacznych dowodów na jej skuteczność, poprzestańmy więc na twierdzeniu, że przebywając w stanie relaksu, łatwiej nam się skoncentrować i przyswajać nowe informacje. Natomiast, gdy jesteśmy zdenerwowani czy zestresowani, trudno nam przypomnieć sobie nawet najprostsze dane, a nowa wiedza często w ogóle nie przedostaje się do naszej świadomości.

F. Samokształcenie

Samokształcenie to samodzielne zdobywanie wiadomości i umiejętności praktycznych z danej dziedziny wiedzy według jakiegoś określonego planu. Optymalną sytuacją jest, gdy staje się ono stałą potrzebą życiową i stanowi wsparcie dla tradycyjnego kształcenia. Obecnie uważa się, że samokształcenie jest jedną z najbardziej efektywnych metod przyswajania wiedzy. Wiele badań dowiodło, że informacje zdobyte na drodze własnych doświadczeń i aktywności najdłużej pozostają w pamięci, łatwiej jest je także wykorzystywać w praktyce.

Rozdział 5

Geniusz samouk

W kontekście uczenia się nie sposób nie wspomnieć o nietuzinkowej postaci, jaką niewątpliwie był **Thomas A. Edison**. Ten wybitny, niesłychanie wszechstronny i płodny wynalazca (posiadał 1097 oryginalnych patentów) wyróżniał się także tym, że wiedzę i sukcesy naukowe zawdzięczał głównie własnej pracy i samodzielnej nauce.

Edison nie miał łatwego startu. Urodził się w Milan w stanie Ohio, w rodzinie ubogich handlarzy drewnem. Z powodu przebytej w dzieciństwie szkarlatyny, która spowodowała u niego problemy ze słuchem, Thomas stronił raczej od rówieśników. Być może przyczyniło się to do jego późniejszych sukcesów – samotność pomogła mu wyrobić w sobie umiejętność koncentracji.

Edison nie miał praktycznie żadnego wykształcenia formalnego. Do szkoły chodził w sumie tylko przez kilka miesięcy. Podobno jeden z jego nauczycieli uznał go nawet za opóźnionego umysłowo. Może właśnie brak szkolnego wykształcenia, które przecież tak często tłamsi nieprzeciętne umysły, pozwolił na nieskrępowany i pełny rozwój geniuszu Edisona. Jak wiemy z jego biografii, Thomas nie był nieukiem, bardzo dużo czytał, interesował się zawłaszcza naukami przyrodniczymi. Sam zgłębiał wiedzę i prowadził doświadczenia naukowe. Kiedy miał zaledwie 10 lat, matka pozwoliła mu urządzić w piwnicy laboratorium, w którym spędzał całe dnie. Był niestrudzonym samoukiem, sam odnalazł najskuteczniejsze i najlepsze dla siebie metody nauki.

Wykazywał się inicjatywą, samodyscypliną, pilnością, systematycznością i koncentracją. Wiązało się to z przekonaniem, że posiadanie bardzo rozległej wiedzy – nawet pozornie nieprzydatnej – jest nieodzowne, jeśli chce się, poprzez oryginalne skojarzenia, dochodzić do nowatorskich rozwiązań i pomysłów. Edison bez wątpienia wywarł ogromny wpływ na życie ludzi i współczesny kształt świata. I zapewne zdawał sobie z tego sprawę, ale sława nie uderzyła mu do głowy. Mawiał skromnie, że **geniusz to 1% natchnienia i 99% mozołu**.

Rozdział 6

Ludzie wokół nas

Z moich obserwacji wynika, że uczyć możemy się nie tylko od specjalistów i uznanych autorytetów, ale także od tak zwanych zwyczajnych ludzi. W jakim sensie? Otóż każdy z nas posiada unikalne doświadczenia życiowe, którymi może się podzielić. Według Arystotelesa na umysł człowieka składają się: wiedza wyuczona, umiejętności praktyczne i mądrość. Łatwo więc zauważyć, że mądrość wcale nie musi, choć oczywiście może, wiązać się z wykształceniem. Spotykamy przecież ludzi, którzy są głęboko mądrzy, chociaż nie nadążają za współczesnymi nowinkami technologicznymi, nie ukończyli uniwersytetów. Niestety zdarzają się też utytułowani profesorowie, którym brakuje podstaw etycznych, trudno więc nazwać ich ludźmi mądrymi.

Pięciomiesięczne dziecko uczy nas spontanicznego uśmiechu, a trzylatek nieskrępowanego pytania: „dlaczego?". Od osób starszych możemy dowiedzieć się, czym jest cierpliwość i łagodność.

Z wielką przyjemnością opiszę tu moją znajomość z panem Franciszkiem (rocznik 1918), która pomogła mi uczyć się szacunku dla drugiego człowieka i szczerości, cechy, którą szczególnie cenię. Poznałem go 17 lat temu podczas jednego ze spotkań edukacyjnych, w których uczestniczę jako wolontariusz. Jednym z rozmówców był właśnie pan Franciszek. Otwarcie mówił o swoich przekonaniach i ujął mnie swoją szczerością. To bardzo życzliwy, ciepły i pełen godności człowiek. Przez te lata odwiedziłem go już chyba dwieście razy.

W chwili, kiedy piszę te słowa, pan Franciszek już nie żyje. Ale kiedy z nim ostatnio się spotkałem, rozmowa z nim wyglądała jak z 45-latkiem, kontakt z nim był dla mnie wyśmienitą ucztą intelektualną. Gdy z nim rozmawiałem, zapominałem o całym świecie, grzałem się w cieple jego łagodności, a widząc, jaki szacunek okazuje innym, dużo się uczyłem.

Obserwując innych, możemy wiele zyskać dla swojego samorozwoju. Jakiś czas temu poznałem człowieka, mojego rówieśnika, który jest nadzwyczaj skromny, a jednocześnie dokładnie wie, czego chce od życia. Jest artystą malarzem, a jego marzeniem od zawsze było malowanie wszystkiego, co ma związek z jego ukochanym miastem. Przyszedł do mnie, ponieważ byłem odpowiedzialny za uruchomienie sieci hotelowej w tym właśnie mieście. Zaoferował, że namaluje cykl około 100 obrazów, które mogłyby zawisnąć w hotelach, nadać im unikalny klimat i tchnąć w nie nowego ducha.

Zainteresowała mnie jego osobowość, biło od niego prawdziwe ciepło, posiadał niespotykaną zdolność słuchania, delikatność i, co najważniejsze, był bez reszty zaangażowany w to, co robi. Postanowiłem poznać go bliżej i bardzo na tym skorzystałem – znalazłem osobę, która emanuje ciepłem i bezinteresowną życzliwością dla innych. To cudowne doświadczenie. Człowiek ten, mimo że o tym nie wie, podczas każdego spotkania uczył mnie czegoś ważnego.

Udoskonalanie się jest moją pasją, dlatego obserwując takich ludzi, zaczynam przesiąkać ich cechami i przejmować niektóre sposoby ich myślenia i postępowania.

W obecnych czasach zmiany następują bardzo szybko, codzienne życie stawia przed nami coraz większe wymagania. By dostosować się do realiów, musimy ciągle zdobywać nowe umiejętności i kwalifikacje, jednak w tej sytuacji paradoksalnie problemem staje się nadmiar informacji, którymi jesteśmy bombardowani przez media każdego dnia.

„Tyle mamy władzy, ile mamy wiedzy" – przekonywał **Francis Bacon**. Miał na myśli jedynie opanowanie przez człowieka świata przyrody, ale dziś tej sentencji nadaje się szersze znaczenie. I nie chodzi tu rządzenie krajem, chociaż na pewno żadnemu państwu nie zaszkodzi wykształcona elita polityczna, ale o władzę rozumianą jako poznanie świata, a przede wszystkim poznanie samego siebie: opanowanie własnych słabości, wykształcenie lub wzmocnienie pozytywnych cech.

Ludzie, którzy zechcą poświęcić swój czas, aby nauczyć się skutecznie zdobywać, przesiewać, analizować, przetwarzać i wykorzystywać informacje i włożą w ten proces dużo własnego wysiłku, mają szansę na sukces i pełne, satysfakcjonujące życie. Dlatego też sama teoretyczna znajomość technik efektywnego uczenia się nie przyniesie żadnego pożytku, jeśli nie poprzemy jej praktyką i systematycznymi ćwiczeniami.

Naszym obowiązkiem jako ludzi jest ciągłe uczenie się oraz rozwijanie swoich możliwości i talentów. Jest to naturalna potrzeba, która towarzyszy nam od pierwszych chwil życia, a odpowiednio pielęgnowana nie zanika aż do późnej starości. Trzeba ją tylko karmić właściwymi treściami i nawykami. Pamiętajmy, że nauka jest spoiwem fundamentu, na jakim budujemy jakość naszego życia.

Co możesz zapamiętać? ☺

1. Ciągłe uczenie się jest naturalną potrzebą i obowiązkiem każdego człowieka.
2. Współczesny świat wymusza na nas konieczność stałego rozwijania się.
3. Zdobywanie wiedzy i nowych umiejętności wzbogaci Twoje życie osobiste.
4. Nieprzerwane uczenie się jest warunkiem osiągnięcia pełni szczęścia i spełnienia.
5. Nigdy nie jest za późno na uczenie się nowych rzeczy!
6. Poznaj skuteczne techniki uczenia się i wybierz te, które najbardziej Ci odpowiadają.

Bibliografia

Albright M., Carr C., *Największe błędy menedżerów*, Warszawa 1997.
Allen B.D., Allen W.D., *Formuła 2+2. Skuteczny coaching*, Warszawa 2006.
Anderson Ch., *Za darmo: przyszłość najbardziej radykalnej z cen*, Kraków 2011.
Anthony R., *Pełna wiara w siebie*, Warszawa 2005.
Ariely D., *Zalety irracjonalności. Korzyści z postępowania wbrew logice w domu i pracy*, Wrocław 2010.
Bates W.H., *Naturalne leczenie wzroku bez okularów*, Katowice 2011.
Bettger F., *Jak umiejętnie sprzedawać i zwielokrotnić dochody*, Warszawa 1995.
Blanchard K., Johnson S., *Jednominutowy menedżer*, Konstancin-Jeziorna 1995.
Blanchard K., O'Connor M., *Zarządzanie poprzez wartości*, Warszawa 1998.
Bogacka A.W., *Zdrowie na talerzu*, Białystok 2008.
Bollier D., *Mierzyć wyżej. Historie 25 firm, które osiąg-

nęły sukces, łącząc skuteczne zarządzanie z realizacją misji społecznych*, Warszawa 1999.

Bond W.J., *199 sytuacji, w których tracimy czas, i jak ich uniknąć*, Gdańsk 1995.

Bono E. de, *Dziecko w szkole kreatywnego myślenia*, Gliwice 2010.

Bono E. de, *Sześć kapeluszy myślowych*, Gliwice 2007.

Bono E. de, *Sześć ram myślowych*, Gliwice 2009.

Bono E. de, *Wodna logika. Wypłyń na szerokie wody kreatywności*, Gliwice 2011.

Bossidy L., Charan R., *Realizacja. Zasady wprowadzania planów w życie*, Warszawa 2003.

Branden N., *Sześć filarów poczucia własnej wartości*, Łódź 2010.

Branson R., *Zaryzykuj – zrób to! Lekcje życia*, Warszawa-Wesoła 2012.

Brothers J., Eagan E, *Pamięć doskonała w 10 dni*, Warszawa 2000.

Buckingham M., *To jedno, co powinieneś wiedzieć... o świetnym zarządzaniu, wybitnym przywództwie i trwałym sukcesie osobistym*, Warszawa 2006.

Buckingham M., *Wykorzystaj swoje silne strony. Użyj dźwigni swojego talentu*, Waszawa 2010

Buckingham M., Clifton D.O., *Teraz odkryj swoje silne strony*, Warszawa 2003.

Butler E., Pirie M., *Jak podwyższyć swój iloraz inteligencji?*, Gdańsk 1995.
Buzan T., *Mapy myśli*, Łódź 2008.
Buzan T., *Pamięć na zawołanie*, Łódź 1999.
Buzan T., *Podręcznik szybkiego czytania*, Łódź 2003.
Buzan T., *Potęga umysłu. Jak zyskać sprawność fizyczną i umysłową: związek umysłu i ciała*, Warszawa 2003.
Buzan T., Dottino T., Israel R., *Zwykli ludzie – liderzy. Jak maksymalnie wykorzystać kreatywność pracowników*, Warszawa 2008.
Carnegie D., *I ty możesz być liderem*, Warszawa 1995.
Carnegie D., *Jak przestać się martwić i zacząć żyć*, Warszawa 2011.
Carnegie D., *Jak zdobyć przyjaciół i zjednać sobie ludzi*, Warszawa 2011.
Carnegie D., *Po szczeblach słowa. Jak stać się doskonałym mówcą i rozmówcą*, Warszawa 2009.
Carnegie D., Crom M., Crom J.O., *Szkoła biznesu. O pozyskiwaniu klientów na zawsze*, Waszrszawa 2003
Cialdini R., *Wywieranie wpływu na ludzi*, Gdańsk 1998.
Clegg B., *Przyspieszony kurs rozwoju osobistego*, Warszawa 2002.
Cofer C.N., Appley M.H., *Motywacja: teoria i badania*, Warszawa 1972.

Cohen H., *Wszystko możesz wynegocjować. Jak osiągnąć to, co chcesz*, Warszawa 1997. r Covey S.R., 3. rozwiązanie, Poznań 2012.
Covey S.R., *7 nawyków skutecznego działania*, Poznań 2007.
Covey S.R., *8. nawyk*, Poznań 2006.
Covey S.R., Merrill A.R., Merrill R.R., *Najpierw rzeczy najważniejsze*, Warszawa 2007.
Craig M., *50 najlepszych (i najgorszych) interesów w historii biznesu*, Warszawa 2002.
Csikszentmihalyi M., *Przepływ: psychologia optymalnego doświadczenia*, Wrocław 2005
Davis R.C., Lindsmith B., *Ludzie renesansu: umysły, które ukształtowały erę nowożytną*, Poznań 2012
Davis R.D., Braun E.M., *Dar dysleksji. Dlaczego niektórzy zdolni ludzie nie umieją czytać i jak mogą się nauczyć*, Poznań 2001.
Dearlove D., *Biznes w stylu Richarda Bransona. 10 tajemnic twórcy megamarki*, Gdańsk 2009.
DeVos D., *Podstawy wolności. Wartości decydujące o sukcesie jednostek i społeczeństw*, Konstancin-Jeziorna 1998.
DeVos R.M., Conn Ch.P., *Uwierz! Credo człowieka czynu, współzałożyciela Amway Corporation, hołdującego zasadom, które uczyniły Amerykę wielką*, Warszawa 1994.

Dixit A.K., Nalebuff B.J., *Myślenie strategiczne. Jak zapewnić sobie przewagę w biznesie, polityce i życiu prywatnym*, Gliwice 2009.

Dixit A.K., Nalebuff B.J., *Sztuka strategii. Teoria gier w biznesie i życiu prywatnym*, Warszawa 2009.

Dobson J., *Jak budować poczucie wartości w swoim dziecku*, Lublin 1993.

Doskonalenie strategii (seria *Harvard Bussines Review*), praca zbiorowa, Gliwice 2006.

Dryden G., Vos J., *Rewolucja w uczeniu*, Poznań 2000.

Dyer W.W., *Kieruj swoim życiem*, Warszawa 2012.

Dyer W.W., *Pokochaj siebie*, Warszawa 2008.

Edelman R.C., Hiltabiddle T.R., Manz Ch.C., *Syndrom miłego człowieka*, Gliwice 2010.

Eichelberger W., Forthomme P., Nail F., *Quest. Twoja droga do sukcesu. Nie ma prostych recept na sukces, ale są recepty skuteczne*, Warszawa 2008.

Enkelmann N.B., *Biznes i motywacja*, Łódź 1997.

Eysenck H. i M., *Podpatrywanie umysłu. Dlaczego ludzie zachowują się tak, jak się zachowują?*, Gdańsk 1996.

Ferriss T., *4-godzinny tydzień pracy. Nie bądź płatnym niewolnikiem od 7.00 do 17.00*, Warszawa 2009.

Flexner J.T., Waschington. *Człowiek niezastąpiony*, Warszawa 1990.

Forward S., Frazier D., *Szantaż emocjonalny: jak obronić się przed manipulacją i wykorzystaniem*, Gdańsk 2011.

Frankl V.E., *Człowiek w poszukiwaniu sensu*, Warszawa 2009.

Fraser J.F., *Jak Ameryka pracuje*, Przemyśl 1910.

Freud Z., *Wstęp do psychoanalizy*, Warszawa 1994.

Fromm E., *Mieć czy być*, Poznań 2009.

Fromm E., *Niech się stanie człowiek. Z psychologii etyki*, Warszawa 2005.

Fromm E., *O sztuce miłości*, Poznań 2002.

Fromm E., *O sztuce słuchania. Terapeutyczne aspekty psychoanalizy*, Warszawa 2002.

Fromm E., *Serce człowieka. Jego niezwykła zdolność do dobra i zła*, Warszawa 2000.

Fromm E., *Ucieczka od wolności*, Warszawa 2001.

Fromm E., *Zerwać okowy iluzji*, Poznań 2000.

Galloway D., *Sztuka samodyscypliny*, Warszawa 1997.

Gardner H., *Inteligencje wielorakie – teoria w praktyce*, Poznań 2002.

Gawande A., *Potęga checklisty: jak opanować chaos i zyskać swobodę w działaniu*, Kraków 2012.

Gelb M.J., *Leonardo da Vinci odkodowany*, Poznań 2005.

Gelb M.J., Miller Caldicott S., *Myśleć jak Edison*, Poznań 2010.

Gelb M.J., *Myśleć jak geniusz*, Poznań 2004.

Gelb M.J., *Myśleć jak Leonardo da Vinci*, Poznań 2001.

Giblin L., *Umiejętność postępowania z innymi...*, Kraków 1993.

Girard J., Casemore R., *Pokonać drogę na szczyt*, Warszawa 1996.
Glass L., *Toksyczni ludzie*, Poznań 1998.
Godlewska M., *Jak pokonałam raka*, Białystok 2011.
Godwin M., *Kim jestem? 101 dróg do odkrycia siebie*, Warszawa 2001.
Goleman D., *Inteligencja emocjonalna*, Poznań 2002.
Gordon T., *Wychowywanie bez porażek szefów, liderów, przywódców*, Warszawa 1996.
Gorman T., *Droga do skutecznych działań. Motywacja*, Gliwice 2009.
Gorman T., *Droga do wzrostu zysków. Innowacja*, Gliwice 2009.
Greenberg H., Sweeney P., *Jak odnieść sukces i rozwinąć swój potencjał*, Warszawa 2007.
Habeler P., Steinbach K., *Celem jest szczyt*, Warszawa 2011.
Hamel G., Prahalad C.K., *Przewaga konkurencyjna jutra*, Warszawa 1999.
Hamlin S., *Jak mówić, żeby nas słuchali*, Poznań 2008.
Hill N., *Klucze do sukcesu*, Warszawa 1998.
Hill N., *Magiczna drabina do sukcesu*, Warszawa 2007.
Hill N., *Myśl!... i bogać się. Podręcznik człowieka interesu*, Warszawa 2012.
Hill N., *Początek wielkiej kariery*, Gliwice 2009.
Ingram D.B., Parks J.A., *Etyka dla żółtodziobów, czyli wszystko, co powinieneś wiedzieć o...*, Poznań 2003.

Jagiełło J., Zuziak W. [red.], *Człowiek wobec wartości*, Kraków 2006.

James W., *Pragmatyzm*, Warszawa 2009.

Jamruszkiewicz J., *Kurs szybkiego czytania*, Chorzów 2002.

Johnson S., *Tak czy nie. Jak podejmować dobre decyzje*, Konstancin-Jeziorna 1995.

Jones Ch., *Życie jest fascynujące*, Konstancin-Jeziorna 1993.

Kanter R.M., *Wiara w siebie. Jak zaczynają się i kończą dobre i złe passy*, Warszawa 2006.

Keller H., *Historia mojego życia*, Warszawa 1978.

Kirschner J., *Zwycięstwo bez walki. Strategie przeciw agresji*, Gliwice 2008.

Koch R., *Zasada 80/20. Lepsze efekty mniejszym nakładem sił i środków*, Konstancin--Jeziorna 1998.

Kopmeyer M.R., *Praktyczne metody osiągania sukcesu*, Warszawa 1994.

Ksenofont, *Cyrus Wielki. Sztuka zwyciężania*, Warszawa 2008.

Kuba A., Hausman J., *Dzieje samochodu*, Warszawa 1973.

Kumaniecki K., *Historia kultury starożytnej Grecji i Rzymu*, Warszawa 1964.

Lamont G., *Jak podnieść pewność siebie*, Łódź 2008.

Leigh A., Maynard M., *Lider doskonały*, Poznań 1999.

Littauer F., *Osobowość plus*, Warszawa 2007.

Loreau D., *Sztuka prostoty*, Warszawa 2009.
Lott L., Intner R., Mendenhall B., *Autoterapia dla każdego. Spróbuj w osiem tygodni zmienić swoje życie*, Warszawa 2006.
Maige Ch., Muller J.-L., *Walka z czasem. Atut strategiczny przedsiębiorstwa*, Warszawa 1995.
Mansfield P., *Jak być asertywnym*, Poznań 1994.
Martin R., *Niepokorny umysł. Poznaj klucz do myślenia zintegrowanego*, Gliwice 2009.
Maslow A., *Motywacja i osobowość*, Warszawa 2009.
Matusewicz Cz., *Wprowadzenie do psychologii*, Warszawa 2011.
Maxwell J.C., *21 cech skutecznego lidera*, Warszawa 2012.
Maxwell J.C., *Tworzyć liderów, czyli jak wprowadzać innych na drogę sukcesu*, Konstancin-Jeziorna 1997.
Maxwell J.C., *Wszyscy się komunikują, niewielu potrafi się porozumieć*, Warszawa 2011.
McCormack M.H., *O zarządzaniu*, Warszawa 1998.
McElroy K., *Jak inwestować w nieruchomości. Znajdź ukryte zyski, których większość inwestorów nie dostrzega*, Osielsko 2008.
McGee P., *Pewność siebie. Jak mała zmiana może zrobić wielką różnicę*, Gliwice 2011.
McGrath H., Edwards H., *Trudne osobowości. Jak radzić sobie ze szkodliwymi zachowaniami innych oraz własnymi*, Poznań 2010.

Mellody P., Miller A.W., Miller J.K., *Toksyczna miłość i jak się z niej wyzwolić*, Warszawa 2013.
Melody B., *Koniec współuzależnienia*, Poznań 2002.
Miller M., *Style myślenia*, Poznań 2000.
Mingotaud F., *Sprawny kierownik. Techniki osiągania sukcesów*, Warszawa 1994.
MJ DeMarco, *Fastlane milionera*, Katowice 2012.
Morgenstern J., *Jak być doskonale zorganizowanym*, Warszawa 2000.
Nay W.R., *Związek bez gniewu. Jak przerwać błędne koło kłótni, dąsów i cichych dni*, Warszawa 2011.
Nierenberg G.I., *Ekspert. Czy nim jesteś?*, Warszawa 2001.
Ogger G., *Geniusze i spekulanci, Jak rodził się kapitalizm*, Warszawa 1993.
Osho, *Księga zrozumienia. Własna droga do wolności*, Warszawa 2009.
Parkinson C.N., *Prawo pani Parkinson*, Warszawa 1970.
Peale N.V., *Entuzjazm zmienia wszystko. Jak stać się zwycięzcą*, Warszawa 1996.
Peale N.V., *Możesz, jeśli myślisz, że możesz*, Warszawa 2005.
Peale N.V., *Rozbudź w sobie twórczy potencjał*, Warszawa 1997.
Peale N.V., *Uwierz i zwyciężaj. Jak zaufać swoim myślom i poczuć pewność siebie*, Warszawa 1999.

Pietrasiński Z., *Psychologia sprawnego myślenia*, Warszawa 1959.
Pilikowski J., *Podróż w świat etyki*, Kraków 2010.
Pink D.H., *Drive*, Warszawa 2011.
Pirożyński M., *Kształcenie charakteru*, Poznań 1999.
Pismo Święte Starego i Nowego Testamentu. Biblia Tysiąclecia, Warszawa 2002.
Pismo Święte w Przekładzie Nowego Świata, 1997.
Popielski K., *Psychologia egzystencji. Wartości w życiu*, Lublin 2009.
Poznaj swoją osobowość, Bielsko-Biała 1996.
Przemieniecki J., *Psychologia jednostki. Odkoduj szyfr do swego umysłu*, Warszawa 2008.
Pszczołowski T., *Umiejętność przekonywania i dyskusji*, Gdańsk 1998.
Reiman T., *Potęga perswazyjnej komunikacji*, Gliwice 2011.
Robbins A., *Nasza moc bez granic. Skuteczna metoda osiągania życiowych sukcesów za pomocą NLP*, Konstancin-Jeziorna 2009.
Robbins A., *Obudź w sobie olbrzyma… i miej wpływ na całe swoje życie – od zaraz*, Poznań 2002.
Robbins A., *Olbrzymie kroki*, Warszawa 2001.
Robert M., *Nowe myślenie strategiczne: czyste i proste*, Warszawa 2006.
Robinson J.W., *Imperium wolności. Historia Amway Corporation*, Warszawa 1997.

Rose C., Nicholl M.J., *Ucz się szybciej, na miarę XXI wieku*, Warszawa 2003.
Rose N., *Winston Churchill. Życie pod prąd*, Warszawa 1996.
Rychter W., *Dzieje samochodu*, Warszawa 1962.
Ryżak Z., *Zarządzanie energią kluczem do sukcesu*, Warszawa 2008.
Savater F., *Etyka dla syna*, Warszawa 1996.
Schäfer B., *Droga do finansowej wolności. Pierwszy milion w ciągu siedmiu lat*, Warszawa 2011.
Schäfer B., *Zasady zwycięzców*, Warszawa 2007.
Scherman J.R., *Jak skończyć z odwlekaniem i działać skutecznie*, Warszawa 1995.
Schuller R.H., *Ciężkie czasy przemijają, bądź silny i przetrwaj je*, Warszawa 1996.
Schwalbe B., Schwalbe H., Zander E., *Rozwijanie osobowości. Jak zostać sprzedawcą doskonałym*, tom 2, Warszawa 1994.
Schwartz D.J., *Magia myślenia kategoriami sukcesu*, Konstancin-Jeziorna 1994.
Schwartz D.J., *Magia myślenia na wielką skalę. Jak zaprząc duszę i umysł do wielkich osiągnięć*, Warszawa 2008.
Scott S.K., *Notatnik milionera. Jak zwykli ludzie mogą osiągać niezwykłe sukcesy*, Warszawa 1997.
Sedlak K. [red.], *Jak poszukiwać i zjednywać najlepszych pracowników*, Kraków 1995.

Seiwert L.J., *Jak organizować czas*, Warszawa 1998.
Seligman M.E.P., *Co możesz zmienić, a czego nie możesz*, Poznań 1995.
Seligman M.E.P., *Pełnia życia*, Poznań 2011.
Seneka, *Myśli*, Kraków 1989.
Sewell C., Brown P.B., *Klient na całe życie, czyli jak przypadkowego klienta zmienić w wiernego entuzjastę naszych usług*, Warszawa 1992.
Słownik pisarzy antycznych, Warszawa 1982.
Smith A., *Umysł*, Warszawa 1989.
Spector R., *Amazon.com. Historia przedsiębiorstwa, które stworzyło nowy model biznesu*, Warszawa 2000.
Spence G., *Jak skutecznie przekonywać... wszędzie i każdego dnia*, Poznań 2001.
Sprenger R.K., *Zaufanie # 1*, Warszawa 2011.
Staff L., *Michał Anioł*, Warszawa 1990.
Stone D.C., *Podążaj za swymi marzeniami*, Konstancin-Jeziorna 1998.
Swiet J., *Kolumb*, Warszawa 1979.
Szurawski M., *Pamięć. Trening interaktywny*, Łódź 2004.
Szyszkowska M., *W poszukiwaniu sensu życia*, Warszawa 1997.
Tatarkiewicz W., *O szczęściu*, Warszawa 1979.
Tavris C., Aronson E., *Błądzą wszyscy (ale nie ja)*, Sopot-Warszawa 2008.

Tracy B., *Milionerzy z wyboru. 21 tajemnic sukcesu*, Warszawa 2002.
Tracy B., *Plan lotu. Prawdziwy sekret sukcesu*, Warszawa 2008.
Tracy B., Scheelen F.M., *Osobowość lidera*, Warszawa 2001.
Tracy B., *Sztuka zatrudniania najlepszych. 21 praktycznych i sprawdzonych technik do wykorzystania od zaraz*, Warszawa 2006.
Tracy B., *Turbostrategia. 21 skutecznych sposobów na przekształcenie firmy i szybkie zwiększenie zysków*, Warszawa 2004.
Tracy B., *Zarabiaj więcej i awansuj szybciej. 21 sposobów na przyspieszenie kariery*, Warszawa 2007.
Tracy B., *Zarządzanie czasem*, Warszawa 2008.
Tracy B., *Zjedz tę żabę. 21 metod podnoszenia wydajności w pracy i zwalczania skłonności do zwlekania*, Warszawa 2005.
Twentier J.D., *Sztuka chwalenia ludzi*, Warszawa 1998.
Urban H., *Moc pozytywnych słów*, Warszawa 2012.
Ury W., *Odchodząc od nie. Negocjowanie od konfrontacji do kooperacji*, Warszawa 2000.
Vitale J., Klucz do sekretu. *Przyciągnij do siebie wszystko, czego pragniesz*, Gliwice 2009.
Waitley D., *Być najlepszym*, Warszawa 1998.
Waitley D., *Imperium umysłu*, Konstancin-Jeziorna 1997.

Waitley D., *Podwójne zwycięstwo*, Warszawa 1996.
Waitley D., *Sukces zależy od właściwego momentu*, Warszawa 1997.
Waitley D., Tucker R.B., *Gra o sukces. Jak zwyciężać w twórczej rywalizacji*, Warszawa 1996.
Walton S., Huey J., *Sam Walton. Made in America*, Warszawa 1994.
Waterhouse J., Minors D., Waterhouse M., *Twój zegar biologiczny. Jak żyć z nim w zgodzie*, Warszawa 1993.
Wegscheider-Cruse S., *Poczucie własnej wartości. Jak pokochać siebie*, Gdańsk 2007.
Wilson P., *Idealna równowaga. Jak znaleźć czas i sposób na pełnię życia*, Warszawa 2010.
Ziglar Z., *Do zobaczenia na szczycie*, Warszawa 1995.
Ziglar Z., *Droga na szczyt*, Konstancin-Jeziorna 1995.
Ziglar Z., *Ponad szczytem*, Warszawa 1995.

O autorze

Andrzej Moszczyński od 30 lat aktywnie zajmuje się działalnością biznesową. Jego główną kompetencją jest tworzenie skutecznych strategii dla konkretnych obszarów biznesu.

W latach 90. zdobywał doświadczenie w branży reklamowej – był prezesem i założycielem dwóch spółek z o.o. Zatrudniał w nich ponad 40 osób. Spółki te były liderami w swoich branżach, głównie w reklamie zewnętrznej – tranzytowej (reklamy na tramwajach, autobusach i samochodach). W 2001 r. przejęciem pakietów kontrolnych w tych spółkach zainteresowały się dwie firmy: amerykańska spółka giełdowa działająca w ponad 30 krajach, skupiająca się na reklamie radiowej i reklamie zewnętrznej oraz największy w Europie fundusz inwestycyjny. W 2003 r. Andrzej sprzedał udziały w tych spółkach inwestorom strategicznym.

W latach 2005-2015 był prezesem i założycielem spółki, która zajmowała się kompleksową komercjalizacją liderów rynku deweloperskiego (firma w sumie sprzedała ponad 1000 mieszkań oraz 350 apartamentów hotelowych w systemie condo).

W latach 2009-2018 był akcjonariuszem strategicznym oraz przewodniczącym rady nadzorczej fabryki urządzeń okrętowych Expom SA. Spółka ta zasięgiem działania obejmuje cały świat, dostarczając urządzenia (w tym dźwigi i żurawie) dla branży morskiej. W 2018 r. sprzedał pakiet swoich akcji inwestorowi branżowemu.

W 2014 r. utworzył w USA spółkę LLC, która działa w branży wydawniczej. W ciągu 14 lat (poczynając od 2005 r.) napisał w sumie 22 kieszonkowe poradniki z dziedziny rozwoju kompetencji miękkich – obszaru, który ma między innymi znaczenie strategiczne dla budowania wartości niematerialnych i prawnych przedsiębiorstw. Poradniki napisane przez Andrzeja koncentrują się na przekazaniu wiedzy o wartościach i rozwoju osobowości – czynnikach odpowiedzialnych za prowadzenie dobrego życia, bycie spełnionym i szczęśliwym.

Andrzej zdobywał wiedzę z dziedziny budowania wartości firm oraz tworzenia skutecznych strategii przy udziale następujących instytucji: Ernst & Young, Gallup Institute, PricewaterhauseCoopers (PwC) oraz Harward Business Review. Jego kompetencje można przyrównać do pracy **stroiciela instrumentu.**

Kiedy miał 7 lat, mama zabrała go do szkoły muzycznej, aby sprawdzić, czy ma talent. Przeszedł test pozytywnie – okazało się, że może rozpocząć edukację muzyczną. Z różnych powodów to nie nastąpiło. Często jednak w jego książkach czy wykładach można usłyszeć bądź przeczytać przykłady związane ze światem muzyki.

Dlaczego można przyrównać jego kompetencje do pracy stroiciela na przykład fortepianu? Stroiciel udoskonala fortepian, aby jego dźwięk był idealny. Każdy fortepian ma swój określony potencjał mierzony jakością dźwięku – dźwięku, który urzeka i wprowadza ludzi w stan relaksu, a może nawet pozytywnego ukojenia. Podobnie jak stroiciel Andrzej udoskonala różne procesy – szczególnie te, które dotyczą relacji z innymi ludźmi. Wierzy, że ludzie posiadają mechanizm psychologiczny, który można symbolicznie przyrównać do **mentalnego żyroskopu** czy **mentalnego noktowizora**. Rola Andrzeja polega na naprawieniu bądź wprowadzeniu w ruch tych „urządzeń".

Żyroskop jest urządzeniem, które niezależnie od komplikacji pokazuje określony kierunek. Tego typu urządzenie wykorzystywane jest na statkach i w samolotach. Andrzej jest przekonany, że rozwijanie **koncentracji i wyobraźni** prowadzi do włączenia naszego mentalnego żyroskopu. Dzięki temu możemy między innymi znajdować skuteczne rozwiązania skomplikowanych wyzwań.

Noktowizor to wyjątkowe urządzenie, które umożliwia widzenie w ciemności. Jest wykorzystywane przez wojsko, służby wywiadowcze czy myśliwych. Życie Andrzeja ukierunkowane jest na badanie tematu źródeł wewnętrznej motywacji – siły skłaniającej do działania, do przejawiania inicjatywy, do podejmowania wyzwań, do wchodzenia w obszary zupełnie nieznane. Andrzej ma przekonanie, że rozwijanie **poczucia własnej wartości** prowadzi do włączenia naszego mentalnego noktowizora. Bez optymalnego poczucia własnej wartości życie jest ciężarem.

W swojej pracy Andrzej koncentruje się na procesach podnoszących jakość następujących obszarów: właściwe interpretowanie zdarzeń, wyciąganie wniosków z analizy porażek oraz sukcesów, formułowanie właściwych pytań, a także korzystanie z wyobraźni w taki sposób, aby przewidywać swoją przyszłość, co łączy się bezpośrednio z umiejętnością strategicznego myślenia. Umiejętności te pomagają rozumieć mechanizmy wywierania wpływu przez inne osoby i umożliwiają niepoddawanie się wszechobecnej indoktrynacji. Kiedy mentalny noktowizor działa poprawnie, przekazuje w odpowiednim czasie sygnały ostrzegające, że ktoś posługuje się manipulacją, aby osiągnąć swoje cele.

Andrzej posiada również doświadczenie jako prelegent, co związane jest z jego zaangażowaniem w działania społeczne. W ostatnich 30 latach był zapraszany do udziału w różnych szkoleniach i seminariach, zgromadzeniach czy kongresach – w sumie jako mówca wystąpił ponad 700 razy. Jego przemówienia i wykłady znane są z inspirujących przykładów i zachęcających pytań, które mobilizują słuchaczy do działania.

Opinie o książce

Małe dziecko przychodzi na świat bez instrukcji obsługi, o czym boleśnie przekonują się kolejne pokolenia młodych rodziców. A jednak mimo tej pozornej przeszkody ludzkość była i jest w stanie poradzić sobie z tym wyzwaniem. Jak? Młodzi rodzice szybko uczą się – głównie metodą prób i błędów – jak zaspokajać potrzeby swojego dziecka. Rodzicielstwo to ciekawa mieszanka zaufania do własnej intuicji, pomocy bliskich i odwołania do wiedzy ekspertów. To nie stały zestaw umiejętności, które ujawniają się w chwili narodzin dziecka, lecz raczej proces nabywania nowych umiejętności dostosowanych do potrzeb i rozwoju własnych pociech.

Nie inaczej jest w przypadku rozpoznania swoich talentów i wykorzystania ich w codziennym życiu. Nie są to zdolności, jakie nabywa się po przeczytaniu jednej książki lub uczestniczeniu w weekendowych warsztatach, lecz raczej droga, na którą się wchodzi świadomie i którą podąża przez resztę życia. Wybierając się w podróż, zwykle pakujemy ze sobą przewodnik i mapę, dlatego też podczas podróży do własnego wnętrza także warto sięgnąć po jakiś przewodnik. Seria książek autorstwa Andrzeja Moszczyńskiego jest właśnie takim przewodnikiem, zawierającym cenne podpowiedzi oraz techniki odkrywania i wykorzystywania swoich talentów. Autor nie stawia się w pozycji eksperta wiedzącego lepiej, co jest dla nas dobre, lecz raczej doradcy odwołującego się szeroko do filozofii, literatury, współczesnych technik doskonalenia osobowości i własnych doświadczeń. Zdecydowanymi mocnymi stronami tej serii są przykłady z życia ilustrujące prezentowane zagadnienia oraz bogata bibliografia służąca jako punkt do dalszych poszukiwań dla wszystkich zainteresowanych doskonaleniem osobowości. Uważam, że seria ta będzie pomocna dla każdego zainteresowanego świadomym życiem i rozwojem osobistym.

Ania Bogacka
Editorial Consultant and Life Coach

* * *

Na rynku książek wybór poradników jest ogromny, ale wśród tego ogromu istnieją jasne punkty, w oparciu o które można kierować swoim życiem tak, by osiągnąć spełnienie. Samorealizacja jest osiągana poprzez mądrość i świadomość. To samo sprawia, że książki Andrzeja Moszczyńskiego są tak użyteczne i podnoszące na duchu. Dzielenie się mądrością w formie przykładów wielu historycznych postaci oświetla drogę w tej kluczowej podróży. Każda z książek Andrzeja jest kompletna sama w sobie, jednak wszystkie razem stanowią zestaw narzędzi, przy pomocy których każdy z nas może ulepszyć umysł i serce, aby ostatecznie przyjąć proaktywną i współczującą postawę wobec życia. Jako osoba, która badała i edytowała wiele tekstów z filozofii i duchowości, mogę z entuzjazmem polecić tę książkę.

Lawrence E. Payne

Dodatek

Cytaty, które pomagały autorowi napisać tę książkę

Na temat rozwoju

Przeznaczeniem człowieka jest jego charakter.

Heraklit z Efezu

Osobowość kształtuje się nie poprzez piękne słowa, lecz pracą i własnym wysiłkiem.

Albert Einstein

Na temat nastawienia do życia

Jeśli jesteś nieszczęśliwy, to dlatego, że cały czas myślisz raczej o tym, czego nie masz, zamiast koncentrować się na tym, co masz w danej chwili.

Anthony de Mello

W końcu, bracia, wszystko, co jest prawdziwe, co godne, co sprawiedliwe, co czyste, co miłe, co zasługuje na uznanie: jeśli jest jakąś cnotą i czynem chwalebnym – to miejcie na myśli.

List do Filipian 4:8

Na temat szczęścia

Ludzie są na tyle szczęśliwi, na ile sobie pozwolą nimi być.

Abraham Lincoln

Więcej szczęścia jest w dawaniu aniżeli w braniu.

Dz 20:35

Na temat poczucia własnej wartości

Bez Twojego pozwolenia nikt nie może sprawić, że poczujesz się gorszy.

Eleanor Roosevelt

Na temat możliwości człowieka

Nie ma rzeczy niemożliwych, są tylko te trudniejsze do wykonania.

Henry Ford

Gdybyśmy robili wszystkie rzeczy, które jesteśmy w stanie zrobić, wprawilibyśmy się w ogromne zdumienie.

Thomas Edison

Na temat poznawania siebie

Najpierw sami tworzymy własne nawyki, potem nawyki tworzą nas.

John Dryden

Na temat wiary w siebie

Człowiek, który zyska i zachowa władzę nad sobą, dokona rzeczy największych i najtrudniejszych.

Johann Wolfgang von Goethe

Ludzie potrafią, gdy sądzą, że potrafią.

Wergiliusz

Na temat wnikliwości

Prawdę należy mówić tylko temu, kto chce jej słuchać.

Seneka Starszy

Język mądrych jest lekarstwem.

Księga Przysłów 12:18

Na temat wytrwałości

Nic na świecie nie zastąpi wytrwałości. Nie zastąpi jej talent – nie ma nic powszechniejszego niż ludzie utalentowani, którzy nie odnoszą sukcesów. Nie uczyni niczego sam geniusz – nienagradzany geniusz to już prawie przysłowie. Nie uczyni niczego też samo wykształcenie – świat jest pełen ludzi wykształconych, o których zapomniano. Tylko wytrwałość i determinacja są wszechmocne.

John Calvin Coolidge

Możemy zrealizować każde zamierzenie, jeśli potrafimy trwać w nim wystarczająco długo.

Helen Keller

Tak samo, jak pojedynczy krok nie tworzy ścieżki na ziemi, tak pojedyncza myśl nie stworzy ścieżki w Twoim umyśle. Prawdziwa ścieżka powstaje, gdy chodzimy po niej wielokrotnie. Aby stworzyć głęboką ścieżkę mentalną, potrzebne jest wielokrotne powtarzanie myśli, które mają zdominować nasze życie.

Napoleon Bonaparte

Na temat entuzjazmu

Tylko przykład jest zaraźliwy.

Lope de Vega

Na temat odwagi

Życie albo jest śmiałą przygodą, albo nie jest życiem. Nie lękać się zmian, a w obliczu kapryśności losu zachowywać hart ducha – oto siła nie do pokonania.

Helen Keller

Silny jest ten, kto potrafi przezwyciężyć swe szkodliwe przyzwyczajenia.

Benjamin Franklin

Życie jest przygodą dla odważnych albo niczym.

Helen Keller

Na temat realizmu

Kto z was, chcąc zbudować wieżę, nie usiądzie wpierw i nie obliczy wydatków, czy ma na jej wykończenie.

Ew. Łukasza 14:28

Pesymista szuka przeciwności w każdej okazji, optymista widzi okazje w każdej przeciwności.

Winston Churchill

Dajcie mi odpowiednio długą dźwignię i wystarczająco mocną podporę, a sam poruszę cały glob.

Archimedes

OFERTA WYDAWNICZA
Andrew Moszczynski Group sp. z o.o.

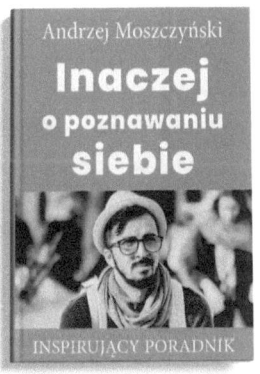

Andrzej Moszczyński

Inaczej o zaufaniu

INSPIRUJĄCY PORADNIK

Andrzej Moszczyński

Inaczej o planowaniu

INSPIRUJĄCY PORADNIK

Andrzej Moszczyński

Inaczej o byciu odważnym

INSPIRUJĄCY PORADNIK

Andrzej Moszczyński

Inaczej o byciu wytrwałym

INSPIRUJĄCY PORADNIK

Andrzej Moszczyński

Inaczej o uczeniu się

INSPIRUJĄCY PORADNIK

Andrzej Moszczyński

Inaczej o entuzjazmie

INSPIRUJĄCY PORADNIK

www.ingramcontent.com/pod-product-compliance
Lightning Source LLC
LaVergne TN
LVHW040108080526
838202LV00045B/3831